L'AMI DU PEUPLE

AF244842

Nous avions publié les pages suivantes avant les dernières élections; elles ont été lues avec avidité, et elles ont éclairé beaucoup d'esprits ; il faut les faire lire encore: jamais on ne dit trop la vérité.

La vérité est le soleil des âmes ; il s'est levé sur le monde quand le Créateur du monde est venu le sauver et vivre parmi nous.

Entendez-le : « Celui qui me suit ne marche point dans les ténèbres, il a la lumière de la vie. »

Faire connaître au peuple ce Dieu venu pour nous sauver et le lui faire aimer en lui prouvant qu'il est le seul véritable ami du peuple, c'est faire luire sur lui la LUMIÈRE DE LA VIE. L'éloigner de cet unique Sauveur, de cet unique ami, c'est le plonger dans les ténèbres de la mort, dans les ignominies de tous les vices, dans les hontes de tous les esclavages et dans les tortures de tous les désespoirs.

C'est ce que font, hélas ! nos mauvais journalistes, nos Juifs et nos francs-maçons, vrais bourreaux du peuple. Enlever Jésus au peuple, c'est lui enlever la vie. Qui a aimé et qui aime le peuple comme Jésus ?

Pouvant naître riche, il a voulu naître pauvre et plus pauvre que les plus pauvres : allez voir sa crèche à Bethléem.

Pouvant habiter sous des lambris dorés et s'y faire servir par les anges, il a habité sous l'humble toit de Nazareth, et comme les pauvres il y a gagné sa vie en travaillant.

Pouvant ne pas souffrir et ne pas mourir, il a, pour consoler ceux qui souffrent, souffert tout ce qu'il est possible de souffrir, et il est mort de la plus cruelle des morts pour changer notre mort en délices et nous faire passer de la mort à l'éternelle vie.

Voilà le véritable ami du peuple.

De lui seul le poète a pu dire :

Vous qui pleurez, venez à lui, car il pleure.
Vous qui souffrez, venez à lui, car il guérit.
Vous qui tremblez, venez à lui, car il sourit.
Vous qui passez, venez à lui, car il demeure.

Brochure de propagande. La répandre partout

L'AMI DU PEUPLE

RÉPONSE AUX QUESTIONS ACTUELLES

PAR

LE T. R. P. MARIE-ANTOINE

MISSIONNAIRE CAPUCIN

Avec l'approbation des Supérieurs de l'Ordre

PRIX FRANCO		
L'exemplaire	0 fr. 15	
Le cent	10 fr.	»
Les cinq cents	40 fr.	»
Le mille	60 fr.	»

LIBRAIRIE RELIGIEUSE H. OUDIN

PARIS	POITIERS
10, RUE DE MÉZIÈRES, 10	4, RUE DE L'ÉPERON, 4

1898

AVANT-PROPOS

Aux amis de Dieu et de la France.

Le Français a le cœur droit ; il est naturellement bon et généreux, il ne devient méchant que lorsqu'on le trompe et qu'on l'égare. Faisons la lumière et nous le sauverons.

Il ne faut pas perdre un instant. Voici les élections, il peut en sortir la vie ou la mort : hâtons-nous d'éclairer le peuple sur les questions actuelles; étudions-les à la clarté de l'Evangile, nous plaçant dans les régions pures de la vérité, là où n'arrivent pas les orages des passions, ni les tempêtes des partis politiques.

Les pages qui suivent sont courtes ; mais la vérité s'y trouve tout entière : elles peuvent être lues en quelques instants et être comprises par tous. Etant écrites à la clarté de l'Evangile, tout ce qui s'y trouve peut être prêché aux fidèles sans encou-

rir le moindre reproche d'ingérence ou d'empiète-
ment.

« Vous êtes les fils de la lumière, disaient les
apôtres ; marchez dans la lumière. » — « Malheur
à celui qui préfère les ténèbres à la lumière ! » Son
cœur est dépravé et il court à la ruine ! Ce qui est
vrai pour les individus, est vrai pour les familles
et les nations.

« Vous êtes la lumière du monde », a dit Jésus aux
apôtres qu'il envoyait sauver le monde. Dire la
vérité et instruire le peuple est donc, pour le prêtre successeur des apôtres, le devoir capital d'où
dépend, pour lui-même, la condamnation ou le
salut.

Voici des pages qui lui faciliteront ce grand
devoir à accomplir.

Quoi de plus nécessaire en ce moment que de
faire comprendre au peuple quels sont ses vrais et
ses faux amis, quel est le vrai et le faux socialisme ? Quelle est la vraie et la fausse liberté, la
vraie et la fausse égalité, la vraie et la fausse fraternité !

Quoi de plus nécessaire en ce moment que de
faire comprendre au peuple que le pauvre est,
devant Dieu et devant les hommes, dans une condition aussi honorable que le riche, qu'il est le

préféré du Cœur de Dieu, et que ce Dieu si bon ne le laisse manquer jamais du nécessaire s'il est fidèle à le servir!

Quoi de plus nécessaire que d'affirmer bien haut, devant le peuple, les droits du Christ, le grand ami du peuple, et d'affirmer bien haut que, dans la lutte actuelle entre la société chrétienne et la société antichrétienne, la victoire restera au Christ!

Quel soleil plus radieux pour illuminer ce peuple bien-aimé que le soleil de l'Evangile !

En traitant, à sa divine clarté, ces questions palpitantes, nous sommes sûrs de gagner le cœur si bon de ce peuple bien-aimé.

Nous voici au moment le plus solennel de la vie de l'humanité: tout est en ébullition dans le monde entier; un monde nouveau se prépare. Plus que jamais il importe de faire la lumière et de prouver que le Christ est le soleil et la vie du monde. L'Evangile est le trône de cette lumière et de ce soleil.

Avec le Christ et l'Evangile, tout s'illumine. En dehors du Christ et de l'Evangile, il n'y a que ténèbres et chaos ; individus, famille, société, tout va à la dérive et à la mort. Tout ce qu'il y a encore de vie et de civilisation dans le monde est sorti du Christ et de l'Evangile. S'ils disparaissaient tout à coup de la société, ce serait le dernier jour du monde civilisé.

Mais ne craignons pas, le Christ ne meurt pas ; les cieux et la terre passeront, et l'Evangile ne passera pas.

Le Christ demeure, il vit dans la Papauté: de là la fureur de Satan et des fils de Satan contre la Papauté : c'est le duel suprême entre la vie et la mort, entre le Christ et l'antéchrist.

C'est le moment de parler clair, de parler ferme et de parler haut. Dès que le peuple sera éclairé, il reviendra au Christ et à la Papauté, et alors commencera l'ère nouvelle, ère de triomphe et de gloire pour l'Eglise et pour la France, la Fille aînée de l'Eglise.

Propager et faire lire ces pages, c'est préparer et hâter ce double triomphe.

O Seigneur Jésus, bénissez-les, et rendez-les fécondes en fruit de salut et de vie !

FAISONS

DE

BONNES ÉLECTIONS

I

LES FAUX AMIS DU PEUPLE ET SES VRAIS AMIS.

« Pour sauver la société, il faut aller au peuple, il faut lui prouver notre amour et prendre en main sa cause et sa défense. » Qui parle ainsi? Celui qui sur la terre est le Vicaire de Jésus-Christ, et l'oracle infaillible de la vérité, l'immortel Léon XIII, celui que les siècles futurs appelleront : le Père du peuple et de l'ouvrier.

Obéissons à Léon XIII, allons au peuple, et

prenons en main sa cause et sa défense, montrons-lui quels sont ses FAUX AMIS et quels sont ses VRAIS AMIS.

I. — LES FAUX AMIS DU PEUPLE.

Les faux amis du peuple le trompent ; arrachons le masque dont ils se servent pour le tromper.

Ils ne prennent le nom d'amis du peuple que pour perdre le peuple, comme ils ne prennent le nom de *socialistes*, ou amis de la société, que pour perdre la société.

Grands menteurs et grands hypocrites, ils n'aiment le peuple qu'autant qu'il leur sert pour arriver aux places et s'enrichir. Le jour où il ne peut plus leur servir, ils le rejettent au loin et le méprisent ; ils le méprisent comme on méprise, comme on met au rebut un instrument devenu inutile.

Hâtons-nous de mettre en pièces le prisme éblouissant des menteuses promesses qu'ils font miroiter devant les yeux fascinés des travailleurs.

Ouvrons les yeux de ce pauvre peuple, et prouvons-lui que ses prétendus amis sont ses pires ennemis et ses cruels bourreaux ; ils laissent souffrir son corps et ils tuent son âme ; ils lui enlèvent l'espérance du ciel et ne lui donnent rien des biens qu'ils lui volent sur la terre.

L'espérance du ciel ! quel crime de la lui ravir Cette espérance n'est-elle pas la seule consolation du malheureux ?. Voilà un homme qu'un cancer dévore : portez-lui tous les millions de la terre, et vous verrez si vous l'avez consolé ; qu'il regarde le ciel, et le voilà heureux de souffrir pour en mériter la couronne.

Ils ne se contentent pas, ces menteurs et ces bourreaux des âmes, d'enlever au peuple l'espérance du ciel, seule consolation de l'âme ; ils lui enlèvent aussi le Dieu qui est notre vie : plus de pensée de Dieu, plus d'amour de Dieu, plus de crainte de Dieu. Dieu c'est l'ennemi ! Et ils ne voient pas, ces insensés, qu'en enlevant au peuple cette pensée, cet amour, cette crainte, ils lui enlèvent la plus pure joie de l'âme et aussi le seul frein qui enchaîne ses passions et qui le moralise. Que prétendent-ils faire avec leur prétendue MORALE CIVIQUE reposant sur les prétendues lois de la nature ? Qu'ils sachent bien que, s'ils n'ont d'autre barrière à opposer aux passions de la multitude, ils apprendront bientôt, à leurs dépens, que la nature a des penchants qui rompent cette barrière et passent par-dessus pour se ruer sur les insensés qui les ont caressés. O coupables insensés ! Leur folie n'a d'égale que leur criminelle hypocrisie ! Entendez Ravachol leur dire, du haut de l'échafaud qu'ils lui ont dressé : « Si j'avais cru en Dieu et au ciel, je n'aurais pas été anarchiste; vous m'avez enlevé Dieu et le ciel, et vous me tuez maintenant parce que je demande ma part de jouissance! Je proteste et je meurs en vous maudissant. » Que peuvent-ils répondre à Ravachol et à tous les anarchistes ?

II. — Les vrais amis du peuple.

Non, non, ce n'est pas en se servant du peuple pour arriver aux places, ce n'est pas en le trompant et en flattant ses passions qu'on acquiert le droit de porter le nom si beau d'ami du peuple; c'est en lui disant la vérité et en se sacrifiant pour lui.

Ainsi a fait Jésus, le père du peuple, le véritable ami du peuple. Pour consoler le pauvre, il s'est fait pauvre; pour adoucir les fatigues du travailleur, il s'est fait travailleur; pour adoucir la douleur de la souffrance, il a souffert ; pour tarir les larmes de ceux qui pleurent, il a pleuré : et pour enlever les frayeurs de la mort, il est mort pour nous donner la vie.

A son exemple, tous ses vrais disciples se sont

dévoués pour le peuple et pour les travailleurs; ils se sont faits pauvres et se sont immolés.

Ils ont le droit de dire à tous ces faux amis du peuple : Qu'avez-vous sacrifié pour le peuple? qu'avez-vous souffert, quel sang avez-vous versé pour lui? Montrez-nous les plaies endurées pour son amour. Tant que vous n'avez, pour prouver votre amour pour le peuple, que phrases retentissantes et périodes sonores, nous ne voulons pas croire à votre amour. Tout amour qui n'est pas passé au creuset du sacrifice, n'est pas un amour. Souffrez pour le peuple et avec le peuple, ou résignez-vous à porter sur vos fronts le stigmate du mensonge et de l'hypocrisie.

Nous croirons à votre amour quand, quittant vos salons dorés et la table de vos festins somptueux, vous irez, avec nos sœurs de charité, habiter les hôpitaux et en respirer les miasmes infects. Nous croirons à votre amour, quand vous marcherez pieds nus comme nos religieux et vous vêtirez de grossière bure. Mais tant que vous ne faites qu'entasser des écus et mener joyeuse vie, ne nous parlez pas de votre amour pour le peuple; non, non, ne nous en parlez pas !

Dans la gare de Toulon nous vîmes, un jour, les ouvriers accompagner, comme en triomphe, un de vos coryphées. Il venait de leur parler de son grand amour pour le peuple et pour les ouvriers; ils avaient applaudi à tout rompre. C'était bien jusqu'ici. Mais arrivés en gare et le voyant monter en première, leur ovation se change en huées et en malédictions. « Oh ! le farceur ! s'écrient-ils ; oh ! le farceur ! » Celui-ci, tout penaud, comprend la leçon, et, feignant de s'être trompé de wagon, il laisse celui des premières et va dans celui des troisièmes. Mais ne craignez pas : après quelques stations, — dès qu'il n'a plus à craindre d'être connu, ni hué, — il remonte tranquillement et bravement en première.

Cher peuple, voilà tes amis.

Chers ouvriers, écoutez cette belle page de Lacordaire. C'est de la chaire de Notre-Dame de Paris que sont tombées ces grandes paroles :

« L'Eglise catholique va vers l'homme du peuple, elle l'aborde et lui dit : « Mon frère l'ouvrier, tu manges ton pain à la sueur de ton front, tu portes un pauvre vêtement. O cher petit frère, comme disait saint François d'Assise, sois content de ton sort. Ecoute, voici que la vérité vient à toi ; elle t'enseigne que tu es fils et frère d'un Dieu, que tu es l'ami de Dieu, qu'il est venu du ciel pour toi, qu'il a donné son sang pour toi. O mon frère l'ouvrier, tu es une créature sublime et sacrée : tu ne te connais pas réveille-toi, regarde-toi, ouvre les yeux de ton âme, ne regarde pas, en dehors, ton corps qui n'est rien ; regarde en dedans et saisis dans ton intérieur ce que c'est qu'une âme faite à l'image de la divinité ! »

« L'Eglise persuade ce pauvre homme ; il se fait en lui un rayonnement d'en haut ; son âme entend ce que la raison n'entend pas ; il devient une admirable créature, une sainte gloire de Dieu; il croit, il espère, il aime, i donnerait son sang pour Dieu et ses frères; il y aspire, et, en frappant sur son enclume avec son marteau, il croit sentir les coups que reçut le Sauveur, il se dit : Que cet air est doux ! que ce feu est agréable ! La foi qui a transfiguré son âme, transfigure aussi sa peine! »

Voilà, cher peuple, les miracles d'amour dont Dieu te favorise ! Voilà comment parlent de toi les apôtres de ce Dieu, tes véritables amis.

CONCLUSION.

Crions cela sur les toits et redisons-le sans cesse. Le peuple ouvrira enfin les yeux, et la société sera sauvée.

Oui, honte et mépris à tous ces ambitieux, à tous ces menteurs hypocrites qui, exploitant les passions qui fermentent toujours dans le cœur de l'homme, ne travaillent, en le flattant, qu'à empoisonner le cœur du pauvre peuple.

Que tout ce qu'il y a dans la société d'hommes intelligents et dévoués se lève pour protester et le défendre !

Ainsi s'est levé François Coppée, de l'Académie française. Écoutez-le :

« J'éprouve une véritable colère contre ces malfaiteurs qui, pris d'une démence inconcevable, prétendent (eux-mêmes ont forgé le mot) *déchristianiser* la France. Ont-ils bien compris la grandeur de leur crime ? Y a-t-il, en vérité, une plus mauvaise action que de ravir au peuple la foi et la prière ?

« Il n'y a de bonheur que là. Un jour j'ai senti passer sur mon front le souffle de la mort, et, en moi, se sont réveillés l'horreur du néant et le besoin d'une vie éternelle ; alors j'ai relu l'Évangile. Je l'ai lu comme il faut le lire, avec un cœur simple et confiant, et j'ai vu resplendir la vérité. Maintenant mon orgueil a rendu les armes, et je crois fermement. Cette foi en Jésus-Christ que j'ai retrouvée, car mon enfance fut chrétienne, je veux la garder en moi, je veux l'augmenter sans cesse et la donner à tous, surtout au pauvre peuple que j'aime et à qui ces malfaiteurs travaillent si méchamment et si follement à la ravir. »

Avec François Coppée et tous les vrais amis du peuple levons-nous tous, serrons nos rangs, barrons le passage à la rapace juiverie, à l'hypocrite protestantisme et à la satanique franc-maçonnerie, autant de repaires de faux amis du peuple.

Faisons la lumière. Le peuple sera sauvé quand il comprendra que faire la guerre à Jésus-Christ et à son Eglise, c'est la faire à lui-même.

Il sera sauvé quand il comprendra que le règne social de Jésus-Christ ne sera que le règne social des vrais amis du peuple, de ceux qui n'auront d'autre grand souci que de venir au secours des faibles et des déshérités.

Le caractère spécial de Jésus-Christ et de sa doctrine n'est-il pas la préférence marquée pour les faibles, les travailleurs et les pauvres ?

Le peuple a besoin de Jésus-Christ et de son Eglise. Sans Jésus-Christ et son Eglise le peuple est certain d'être toujours victime : qu'il se souvienne du *Loup et de l'Agneau*.

L'Eglise de Jésus-Christ, l'histoire de tous les siècles le prouve, a, seule, les principes et les dévouements qui délivrent tous les opprimés.

L'Eglise de Jésus-Christ a toujours aimé le peuple d'un amour de préférence. Quand il était esclave, elle l'a affranchi; quand il était opprimé, elle l'a défendu; quand il était affamé, elle l'a nourri.

Eloigner le peuple de l'Eglise, c'est éloigner l'enfant de sa mère.

Ils l'avouent, ils ne travaillent qu'à cela, toute la politique de ces *faux amis* du peuple revient là, et toutes leurs lois scélérates n'ont pas d'autre but ; mais ils ont beau faire, leur infernale conspiration sera déjouée: la Mère poursuivra l'enfant qu'on lui a ravi, et elle se fera reconnaitre en lui montrant son cœur; et va venir le jour où, reconquis par son amour, le peuple, qui a le cœur chaud et l'esprit droit, reviendra à l'Eglise sa mère et, se jetant dans ses bras, lui dira: « O mère! ô tendre mère! pardon de t'avoir méconnue ! Tu as toujours travaillé à ma liberté et à mon bonheur ; toi, tu ne m'as jamais trompé : toutes les fois que j'ai senti le poids de l'oppression et de la douleur tu es venue à mon secours. A mon tour maintenant de t'aimer, de te venger de tous tes oppresseurs ; à mon tour maintenant de te vouloir libre et honorée. Oui, libre et honorée dans tes prêtres, tes religieux et tes pontifes, qui tous sont mes vrais amis ; libre et honorée dans tes cérémonies et tes splendides fêtes qui sont la plus pure joie de mon

cœur ; libre et honorée dans tes saints enseignements qui illuminent ma vie et m'en révèlent
les mystères. »

Ainsi parlera bientôt le peuple reconquis par
l'amour ; et le triomphe de l'Eglise de Jésus-Christ
sera son propre triomphe et son glorieux affran-
chissement. Revenu à Dieu, au Christ et à
l'Eglise, il aura la plénitude de la paix, la plénitude du bonheur et de l'honneur ; et un monde
nouveau commencera sur la terre.

Tous les grands cœurs le pressentent ; tout ce
mouvement fiévreux qui agite toutes les nations
l'annonce, et tous les grands enseignements de
Léon XIII, le père et l'ami du peuple, le préparent.

II

LE FAUX SOCIALISME ET LA FAUSSE DÉMOCRATIE.

Nous assistons à un curieux spectacle : tout le monde parle de SOCIALISME et de DÉMOCRATIE ; ces deux mots sont dans toutes les bouches, l'air ambiant en est saturé ; pas de journal, pas de revue, pas même d'affiche couvrant les murs de nos grandes et petites villes où ces deux mots ne se trouvent sans cesse répétés; et cependant qui sait bien ce que ces deux mots veulent dire ? Le tohu-bohu d'idées et de langage où nous sommes plongés ne prouve, hélas ! que trop qu'il y a ici, plus encore qu'en tout le reste, complète ignorance et complète confusion.

Tirons tout au clair, et mettons toutes choses à leur place ; établissons, pour cela, deux vérités fondamentales.

Première vérité fondamentale.

Le SOCIALISME, *c'est-à-dire la théorie et la pratique du bonheur social, avant d'être une question politique, est surtout une question religieuse.*

Pas de vérité plus facile à prouver : interrogez l'histoire, interrogez l'expérience, et vous serez convaincu que l'unique lien social chez tous les peuples a été la religion. Aucun législateur antique n'a osé faire une loi sans dire qu'elle venait de Dieu. « Vous verrez plutôt une ville bâtie en l'air, a dit un ancien, qu'une société existant sans religion. »

Ceci peut être mis à l'état d'axiome ; et l'histoire de tous les peuples prouve que plus la religion chez eux a été en honneur, plus ces peuples ont été prospères, et que plus la religion a décliné, plus ces peuples sont vite tombés dans la ruine et dans la mort. « LES DIEUX S'EN VONT ! LES DIEUX S'EN VONT ! » s'écriaient les anciens : ce cri de détresse était pour les nations impies le glas de l'agonie. Là où règne l'impiété, n'allez plus chercher ni peuple ni nation : vous ne trouverez qu'une vision de l'enfer.

Les choses étant ainsi, — et qui oserait le nier

quand l'histoire de tous les siècles le confirme ? — il reste prouvé que ceux qui s'appellent SOCIALISTES et prétendent être amis de la société, tout en combattant la religion, sont de vrais insensés : au lieu de s'appeler les amis de la société, ils devraient s'en appeler les *bourreaux*.

Les partisans du LAÏCISME anti-religieux sont aussi insensés et aussi coupables qu'eux. Le jour du triomphe de tous ces impies et de tous ces insensés serait le dernier jour de la France.

Dans une conférence faite à Tourcoing le 7 mars 1897, un ouvrier verrier d'Aniche demanda la parole et, montant à la tribune, fit la déclaration suivante : « Je viens faire ici, dit-il, une ouverture de cœur : j'avais été trop longtemps, et je le déplore, socialiste et ennemi de la religion, de la famille et de la propriété comme tous les socialistes impies. J'ai reconnu mon erreur, et je comprends parfaitement maintenant que, sans religion, sans famille et sans propriété, toute société est impossible. Je comprends aussi que la guerre que le travail fait au capital est une guerre insensée, puisque, sans l'union du capital et du travail, il n'y a pas d'industrie possible, le capital sans le travail étant improductif et le travail sans le capital étant réduit à l'impuissance ; je comprends aussi parfaitement que confier à l'Etat nos âmes, nos corps et nos biens serait le plus abrutissant des esclavages. Je suis donc catholique, c'est-à-dire avec le bon sens, la justice et la charité. Je suis avec la religion qui me donne Dieu pour père et tous les hommes pour frères et pour amis. »

La déclaration de l'ouvrier verrier a été couverte d'unanimes applaudissements.

Deuxième vérité fondamentale.

La démocratie, c'est-à dire la théorie et la pratique du bonheur du peuple, avant d'être une question politique, est aussi une question religieuse.

Ouvrez l'histoire, et vous verrez que la religion seule s'est occupée du bonheur du peuple.

La politique chez les païens ne s'est occupée de lui que pour le réduire en esclavage et l'écraser d'impôts ; et si elle n'a pas toujours fait cela chez les chrétiens depuis qu'elle s'est séparée de Dieu, c'est que la religion a pris trop de place dans les idées et dans les mœurs pour qu'elle osât le faire. Autant les pauvres et les ouvriers sont méprisés et opprimés dans les nations anti-chrétiennes, autant ils sont honorés et exaltés dans les nations vraiment chrétiennes : honorés et exaltés au point que le Dieu que nous y adorons a voulu être pauvre et travailleur toute sa vie ; honorés et exaltés au point que les Papes, Vicaires de ce Dieu, se sont toujours beaucoup plus occupés du pauvre et de l'ouvrier et ont attiré beaucoup plus à eux le pauvre et l'ouvrier qu'ils se sont occupés des empereurs et des rois et n'ont attiré à eux les empereurs et les rois. Voyez ce que fait Léon XIII, à la stupéfaction et à l'admiration de l'univers. Et remarquez encore ceci, c'est on ne peut plus important et pratique : en honorant ainsi le peuple et en le grandissant ainsi, le catholicisme se garde bien de le flatter, de l'enorgueillir ; il se garde bien de le porter aux honteuses jouissances, toujours sœurs de la barbarie et de la cruauté, comme le font ses faux amis ; il se garde bien de ne lui parler que de ses droits, il lui parle avant tout de ses devoirs, l'homme n'ayant sur la terre d'autre droit que d'accomplir librement le devoir.

Il ne lui dit pas, comme ses faux amis : « Tu es indépendant, tu es souverain, tu es maître » ; il lui dit : « Souviens-toi qu'il n'y a qu'un seul maître : le Christ : *Magister unus est, Christus*. Le roi qui l'oublie, périt ; et le peuple qui l'oublie, périt comme le roi. Ce n'est pas assez ; tout en l'aidant et l'encourageant à améliorer autant que possible son bien-être terrestre, il ne manque jamais de lui rappeler qu'il doit travailler avant tout, par la sagesse, la patience et le labeur noblement et pieusement accepté, à conquérir la gloire céleste.

Ainsi aimé, ainsi enseigné, ainsi protégé, le pauvre et l'ouvrier commenceront bientôt à comprendre quels sont les VRAIS SOCIALISTES et les FAUX SOCIALISTES ; ils commenceront bientôt à comprendre quels sont les VRAIS DÉMOCRATES et les FAUX DÉMOCRATES.

Une fois que le monde saura discerner le vrai socialisme du faux socialisme, la vraie démocratie de la fausse démocratie, une fois qu'il aura horreur du socialisme anti-religieux et de la démocratie anti-religieuse, le monde sera sauvé.

CONCLUSION.

Quiconque travaille pour la religion, travaille pour la société et pour le peuple ; **quiconque travaille contre la religion, travaille** contre la société et **contre le peuple.**

Autant le faux socialisme et la fausse démocratie sont la ruine ; autant le vrai socialisme et la vraie démocratie sont le salut.

Le faux socialisme et la fausse démocratie ne sont pas nés en France : la France a l'esprit trop logique, le cœur trop droit et l'âme trop catholique pour les avoir enfantés. Ces deux plantes aux fruits si empoisonnés sont deux plantes exotiques et parasites.

Le faux socialisme nous vient de la nébuleuse et froide Allemagne ; la fausse démocratie nous vient de l'indépendante et protestante Helvétie ; elle est sortie du cerveau creux et malade de l'auteur du *Contrat social,* du malheureux Rousseau, digne émule du satanique Voltaire ; elle en est sortie tout armée, et elle demeure toujours armée pour dresser la guillotine et faire couler le sang le plus noble et le plus saint, celui que dans sa fureur aveugle elle appelle « le sang impur ».

Que les prêtres du Seigneur soient sans cesse vigilants pour prémunir le peuple contre les dangers de ces deux monstres prêts à dévorer notre France et le monde.

Le socialisme et la démocratie sont un terrain brûlant.

Il y a ici un discernement indispensable à faire : il faut bien prendre garde, sous prétexte de charité, de donner au peuple le bien-être, le plaisir pour premier objectif.

Certainement il faut s'occuper du bien-être du peuple, et il y a, pour cela, d'importantes réformes à opérer. — Léon XIII les indique dans son Encyclique sur les ouvriers ; — mais la première de toutes les réformes, c'est le retour du peuple à la religion, aux bonnes mœurs et à la fidèle observation du Décalogue. Sans cette réforme, vous bâtiriez sur le sable.

L'Evangile n'a jamais prêché la richesse et le plaisir ; il a toujours prêché le devoir et le sacrifice. Au riche il prêche le grand devoir de charité ; aux pauvres le grand devoir de la résignation et de la confiance en Dieu qui n'abandonne jamais le pauvre et lui prépare le ciel pour royaume.

En nous plaçant ainsi sur le terrain évangélique, le seul vrai, le seul solide, nous mettons la société à l'abri de toute commotion sanglante, et nous pourrons accomplir toutes les réformes sociales désirables dans l'ordre et la paix. Ce sont les grands enseignements de Léon XIII.

Aux prêtres du Seigneur d'y être fidèles, et de diriger le mouvement social dans ce véritable esprit évangélique.

Quand un prêtre du Seigneur incline le moins du monde vers le faux socialisme et vers la fausse démocratie entièrement opposée à cet esprit, les anges pleurent, et la France doit se voiler de deuil.

III

LA LIBERTÉ, L'ÉGALITÉ, LA FRATERNITÉ.

Il y a obligation pour tout chrétien d'avoir des notions exactes et précises sur tout ce qui regarde le bien de l'âme, de la famille et de la société. Soyez « dans la lumière », dit le Seigneur, « ayez la passion de la vérité, et soyez prêts à mourir pour elle ». Or, je vous le demande, sur quoi importe-t-il davantage de jeter la lumière et de faire éclater la vérité que sur ces trois mots dont nos ennemis font leur devise? que sur ces trois trésors divins et évangéliques qu'ils nous volent? que sur ces trois filles du ciel qu'ils profanent, qu'ils avilissent et qu'ils tuent?

PREMIÈRE VÉRITÉ FONDAMENTALE.

C'est Jésus-Christ qui a porté sur la terre la Liberté, l'Egalité, la Fraternité. Le monde, avant lui, n'en avait pas même la notion : vous n'en trouverez pas un seul mot dans les livres des philosophes, des sages, des poètes et des orateurs de l'antiquité.

L'Evangile de Jésus-Christ est l'Evangile de la **liberté**. « Voulez-vous savoir, s'écrie le grand « saint Augustin, pourquoi Jésus-Christ est venu « sur la terre? C'est pour rendre à l'homme la « liberté perdue par le péché, *ut liberaretur reus.* « Dieu s'est fait esclave pour que l'homme fût libre, « il s'est fait homme pour que l'homme fût Dieu : « *Deus factus est homo ut homo fieret Deus.* » Oui, l'Evangile de Jésus-Christ est le vrai code de la liberté, c'est la délivrance du petit, du faible, du travailleur, de l'opprimé. Il fallait un Dieu pour opérer cette grande œuvre; et ce qu'il y a d'admirable, c'est que, pour l'opérer, il s'est fait lui-même faible, petit, travailleur, et opprimé! Venez dans nos églises, regardez le tabernacle et l'autel, et vous l'y verrez encore plus petit qu'à la crèche, encore plus victime que sur la croix. O prodige! O miracle d'amour! *O prodigia ! O miracula !*

L'Evangile de Jésus-Christ est l'Evangile de l'é**galité**. Voici un Dieu qui, pour établir l'égalité sur la terre, s'y fait l'égal de l'homme! Ce n'est pas assez : il se fait son serviteur, il lui lave les pieds et il dit : « Vous ferez ce que j'ai fait, aucun de vous ne s'appellera maître, et le premier sera le serviteur de tous. » O sublime égalité !

Venez dans nos églises, vous y verrez l'égalité : le pontife qui y préside n'est souvent le fils que d'un pauvre berger, et le Pontife des pontifes s'appelle toujours : « le serviteur des serviteurs du Christ ».

Venez dans nos hôpitaux : là vous verrez le pauvre respecté, aimé et servi comme un Dieu : le nom d'HÔTEL-DIEU, qui leur a été admirablement donné par nos pères, le proclame, et les filles des princes et des grands de la terre, anges de charité, s'y disputent l'honneur d'être les servantes du pauvre. O sublime égalité !

L'Evangile de Jésus-Christ est l'Evangile de la **fraternité.** « Vous êtes tous frères, et vous vous aimerez comme des frères », a dit Jésus-Christ. « Vous vous aimerez jusqu'à mourir l'un pour l'autre : moi je l'ai fait, vous le ferez, et, sachez-le bien, c'est à cette condition seulement que je vous reconnaîtrai pour mes disciples. »

Et voici, ridicules, perfides et cruels tyranneaux, qu'après avoir écrit en grandes lettres sur la porte de vos écoles laïques : LIBERTÉ, EGALITÉ, FRATERNITÉ, vous en éloignez l'Evangile d'où sont sorties la Liberté, l'Egalité et la Fraternité, et vous empêchez les enfants qui, au nom de la Liberté, sont forcés d'y venir, d'y connaître et d'y aimer Jésus-Christ, le fondateur sur la terre de la Liberté, de l'Egalité et de la Fraternité. Un homme qui se respecte peut-il commettre pareille inconséquence et pareille tyrannie?

DEUXIÈME VÉRITÉ FONDAMENTALE.

C'est l'Eglise catholique qui a seule propagé sur la terre la liberté, l'égalité, la fraternité. Ceci est un fait historique ; et que faire, que dire en présence d'un fait ? L'accepter et se taire.

Tout le monde sait parfaitement qu'avant l'Eglise catholique rien n'avait été fait, rien n'avait été établi, ayant même une lointaine ressemblance avec la liberté, l'égalité et la fraternité. Comment l'aurait-on établi, puisqu'on n'en avait pas même la notion? Chez les Juifs, dans un seul jour, voici Hérode faisant massacrer des milliers d'enfants ; dans Rome païenne, voici dans un seul jour tout un peuple applaudissant, au Colysée, au massacre de milliers d'esclaves : belle liberté ! belle égalité ! belle fraternité !

Et que n'a pas fait, que n'a pas souffert l'Eglise catholique pour accomplir sa grande œuvre? Quarante millions de ses enfants ont souffert le martyre ; et qu'est le martyre, sinon l'affirmation et le triomphe de la liberté ? Que sont nos monastères, sinon l'affirmation et le triomphe permanent de la liberté, de l'égalité et de la fraternité ? Tous ceux qui y habitent y sont entrés et y demeurent librement, tous y sont égaux et tous y sont frères.

Pour faire connaître, aimer et pratiquer la Liberté, l'Egalité, la Fraternité, l'Eglise catholique envoie, tous les jours, ses missionnaires jusqu'aux extrémités de la terre. Que vont-ils y porter ? La Liberté, l'Egalité, la Fraternité. A quoi travaillent-ils au milieu des nègres d'Afrique, si ce n'est à abolir l'esclavage ? A quoi travaillent-ils au milieu des anthropophages de l'Océanie, si ce n'est à enseigner à ces pauvres sauvages que Dieu est notre Père, que nous sommes tous frères et qu'au lieu de nous tuer, de nous entre-dévorer, il faut nous aimer et nous embrasser sur son cœur ?

C'est ainsi que l'Eglise catholique, avec une admirable sagesse, une admirable persévérance et un amour plus admirable encore, a, sans révolution et sans secousse, détruit l'esclavage antique et établi la Liberté, l'Egalité et la Fraternité sur la terre. Ce que n'avait pu faire le poignard de Spartacus, la croix l'a fait.

Tout ce que je viens de dire est historique, et dans vos écoles, dans vos collèges, dans vos universités où vous prétendez enseigner l'histoire, vous ne dites pas, à vos élèves, un seul mot de ces faits historiques qui remplissent et honorent tous les siècles. Quelle inconséquence ! Quelle ingratitude !

TROISIÈME VÉRITÉ FONDAMENTALE.

C'est l'Eglise catholique qui seule conserve la liberté, l'égalité et la fraternité. Rien de plus facile à prouver : les ayant seule établies sur la terre, elle peut seule les y conserver : comment se perpétuent les feuilles, les fleurs et les fruits, si ce n'est par l'arbre qui les produit ? Et comment se conserve l'arbre lui-même, si ce n'est par les racines qui le vivifient ?

Vous direz peut-être : Nous avons cueilli les fruits, nous n'avons plus besoin de l'arbre, nous pouvons le jeter au feu. Mais prenez garde : la liberté, l'égalité, la fraternité sont un fruit céleste dont l'homme a besoin toujours ; et où irez-vous chercher ce fruit si l'arbre qui le produit est brûlé ? Où irez-vous le chercher ? Je sais bien que vous dites : Nous y suppléerons, nous ferons des lois, nous aurons une morale civique, et nos progrès de la science !

C'est bien, vantez vos progrès de la science, et voici qu'un de nos meilleurs penseurs et de nos meilleurs écrivains vient de crier sur les toits et de publier bien haut que VOTRE SCIENCE A FAIT FAILLITE ET QU'IL FAUT REVENIR A L'ÉVANGILE.

Vantez vos lois, vantez votre morale civique, et voici que notre nouvel académicien, reçu à l'Académie le 23 décembre 1897, vient de s'écrier, dans son discours de réception : « IL N'EST POINT D'EXEMPLE QU'UN PEUPLE SANS FOI SOIT DEMEURÉ UN PEUPLE LIBRE. Rendez donc vite au peuple français CETTE FOI RELIGIEUSE QUI A FAIT SI LONGTEMPS LE BONHEUR DE L'AME FRANÇAISE. » Avez-vous entendu et compris ces deux grandes leçons ?

Et n'êtes-vous pas vous-mêmes la démonstration vivante de cette grande vérité ? Qu'êtes-vous devenus depuis que vous vous êtes éloignés de l'Eglise catholique ? Vous voilà esclaves des plus sectaires et des plus mauvaises passions ! Vous voilà nous préparant dans vos loges et vos écoles une armée d'anarchistes, de pétroleurs et de dynamitards ! Belle liberté ! Belle égalité ! Belle fraternité ! Belle morale civique !

Prenez l'Evangile : là vous trouverez la véritable Liberté, la véritable Egalité, la véritable Fraternité et la véritable Morale. Là vous apprendrez que l'homme vraiment libre est celui qui n'obéit qu'à Dieu et à ceux qui le représentent, mais jamais à l'homme ni à ses propres passions; vous y apprendrez que la force ne peut enchaîner que le corps, et que l'âme reste libre, et qu'aucune puissance humaine ne peut enchaîner celle que le Christ a affranchie.

*
* *

Je viens d'écrire un livre sur la SAINTE AMITIÉ; laissez-moi finir cet article comme j'ai fini ce livre, par un cri d'amour et un grand appel à la sainte amitié. L'amour n'est-il pas ce qu'il y a, au ciel et sur la terre, de plus grand et de plus beau ? Et la sainte amitié n'est-elle pas ce qu'il y a de plus grand et de plus beau dans l'amour? n'est-elle pas la mère de la Liberté, de l'Egalité et de la Fraternité ?

Ces trois sœurs bien-aimées, ces trois filles du ciel ne sont-elles pas nées, n'ont-elles pas fait leur apparition sur la terre le jour où Jésus a dit : « Aimez-vous les uns les autres comme je vous ai aimés » ? De cette grande parole sont sorties la Liberté l'Egalité et la Fraternité.

La Liberté ne fait qu'un avec l'amitié. « *Amicitia libertas.* » Quoi de plus délicieusement et de plus essentiellement libre que l'amitié ?

L'Egalité n'est-elle pas l'essence de la sainte amitié ? « *Amicitia æqualitas.* » Tout ce que possède un ami, l'autre ne le possède-t-il pas ?

La Fraternité n'est-elle pas l'essence de la sainte amitié ? « *Amicitia fraternitas.* » L'amitié n'est-elle pas ce qu'il y a de plus exquis dans la fraternité ? Deux amis ne s'aiment-ils pas plus que deux frères ?

O sainte et douce amitié, quand donc arrivera ton règne sur la terre ? Et quand par toi commenceront enfin d'y régner la sainte Liberté, la sainte Egalité et la sainte Fraternité ? Ce sera votre règne, ô Seigneur Jésus !

O Dieu d'amour, que ce beau règne arrive ! « *Adveniat regnum tuum !* »

IV

LES RICHES ET LES PAUVRES DANS LE PLAN DIVIN.

Nous venons, à la clarté de l'Evangile, de considérer où se trouvent la vraie Liberté, la vraie Egalité, la vraie Fraternité. Considérons maintenant, à la même clarté, tout ce qu'il faut apprendre et savoir sur la grande question de la richesse et de la pauvreté. Peut-il y avoir étude plus actuelle ? Rien de plus délicieux ni de plus utile à la fois que de contempler la place que l'une et l'autre occupent dans le plan divin.

La distinction de ces deux classes qui partagent le monde en deux parts, et l'harmonie établie entre elles par le Seigneur sont le chef-d'œuvre de sa sagesse et de son amour.

I. — Pourquoi des riches et des pauvres.

Pourquoi y a-t-il eu, pourquoi y a-t-il, pourquoi y aura-t-il toujours sur la terre des pauvres et des riches ?

Grande question ! Elle est insoluble si on ne remonte à Dieu : ce qu'on appelle fatalité ou hasard n'est rien et n'explique rien ; il faut nécessairement remonter au Créateur de toutes choses, à Celui qui dispose en maître des individus et des nations, à Celui qui donne seul la vie ou la mort, la richesse ou la pauvreté, et qui règle tout avec une sagesse et un amour infinis. « Non, dit Bossuet, la pauvreté et la richesse, la santé ou la maladie ne sont pas envoyées à l'aveugle, mais dispensées avec choix par les ordres d'une sagesse cachée et d'un amour infini. Dieu ordonne la fortune et la vie de chacun par de secrètes dispositions de sa providence éternelle qui passent notre pouvoir et auxquelles nous n'avons qu'à nous soumettre avec confiance et par amour. »

Une fois cette vérité bien établie, et elle est fondamentale, revenons à notre grande question.

Pour la comprendre et la résoudre, tout dépend du terrain où l'on se place. Si on ne considère les choses que dans l'ordre naturel, voici la réponse : Dieu ayant créé l'homme pour vivre en société, et l'inégalité des conditions et leurs différents fonctionnements étant indispensables pour l'existence de la société, il a dû établir cette inégalité sans laquelle la société ne serait pas possible.

Cette réponse, quelque excellente qu'elle soit, ne console nullement celui qui naît dans la condition inférieure, elle ne le réconcilie nullement avec cette condition et ne lui explique nullement pourquoi Dieu, qui est le Père de tous, ne les a pas tous fait naître dans l'abondance et la richesse.

Il faut une autre réponse. Plaçons-nous dans l'ordre surnaturel, et immédiatement la réponse nous est donnée ; nous la trouvons à la première page de nos saints Livres : « FAISONS L'HOMME A NOTRE IMAGE ET A NOTRE RESSEMBLANCE. » Ces paroles sont pour nous des paroles révélatrices ; tout le plan divin s'y manifeste. Dieu veut donc que dans l'humanité se trouve, à l'état permanent, et SON IMAGE et SA RESSEMBLANCE. Dans ces deux mots se trouve la clef du mystère. Vous allez le comprendre. Dieu est puissance et surtout amour. Toutes les générations ont écrit ces deux mots : « DEO OPTIMO MAXIMO » sur les portes des temples élevés à sa gloire. La création manifeste sa puissance, et la rédemption son amour. Dans la création sa puissance se manifeste par la richesse, la grandeur, la splendeur de ses œuvres. Dans la rédemption son amour se manifeste par la pauvreté et le sacrifice. Dieu est puissance sur le Sinaï ; il est amour à la crèche et au calvaire. Voulant créer l'humanité à L'IMAGE de sa puissance, il a fait les riches ; voulant créer l'humanité à la RESSEMBLANCE de son amour, il a fait les pauvres.

Si vous m'objectez : La pauvreté et la souffrance étant la conséquence de la chute originelle, comment pouvaient-elles être dans la pensée de Dieu avant que la chute n'eût eu lieu? Voici la réponse : Parler ainsi, c'est oublier qu'en Dieu tout est présent, il n'y a ni passé ni avenir, tout est éternel. Entendez-le vous dire lui-même : « De toute éternité je t'ai aimé, et ayant pitié de toi je t'ai retiré du fond de l'abime » : *Caritate perpetuâ dilexi te et attraxi te miserans tui.* — Entendez aussi Tertullien vous dire que lorsque Dieu créa l'homme, il avait présent à sa pensée l'Homme-Dieu qui devait s'immoler pour lui : *Cogitabatur homo futurus.* Donc, plus d'objection possible. Et remarquez la différence de ces deux mots : IMAGE et RESSEMBLANCE ; cette différence est significative. L'IMAGE n'est qu'une apparence, tandis que la RESSEMBLANCE est une réalité : ceci s'applique admirablement au riche et au pauvre. La créature n'ayant en propre que le néant, qu'est-elle, si riche soit-elle, qu'une simple apparence et une bien faible image de la puissance et de la grandeur divines ? Tandis qu'ayant en propre le pouvoir d'aimer et de souffrir, dès qu'elle accepte par amour la pauvreté, les humiliations et la souffrance, elle devient par le seul fait la vivante ressemblance du Dieu pauvre, humble et souffrant et comme c'est par la pauvreté, les humiliations et les souffrances que la rédemption s'est accomplie, elle entre en partage des gloires de cette rédemption.

Ne soyons donc plus étonnés si dès l'origine des temps il y a toujours eu des riches et des pauvres : les riches pour être l'IMAGE de la puissance de Dieu, et les pauvres pour être sa vivante RESSEMBLANCE.

II. — MISSION DU RICHE ET DU PAUVRE.

Par la création, Dieu a donné la terre à l'homme ; par la rédemption, il lui a donné le ciel. Le riche, vivante *image* du Dieu créateur, donne les biens de la terre au pauvre ; et le pauvre, vivante *ressemblance* du Dieu rédempteur, procure au riche les biens du ciel : voilà leur mission réciproque.

Aux riches, s'ils veulent aller au ciel, d'être généreux pour les pauvres, en leur distribuant leur superflu et en leur témoignant respect et amour comme aux membres vivants du Dieu rédempteur. Aux pauvres à leur tour, s'ils veulent aller en paradis, de témoigner aux riches respect, gratitude et amour, comme aux fidèles dispensateurs, à leur endroit, des dons du Dieu créateur.

Aux riches, s'ils veulent aller en paradis, de ne jamais oublier qu'il faut qu'ils aiment les pauvres, comme une mère aime ses enfants, afin de s'en faire des amis, parce que les pauvres ayant seuls, de droit divin, la possession du paradis, *ipsorum est regnum cælorum*, ils peuvent seuls leur en ouvrir la porte. Les pauvres qu'on voit aux portes de nos églises y sont providentiellement placés pour le leur rappeler. Une compassion purement philanthropique et purement naturelle ne sert de rien pour mériter le ciel ; il faut l'amour surnaturel, il faut voir Jésus-Christ dans le pauvre, et l'aimer et l'honorer comme on aime, comme on honore Jésus-Christ lui-même.

N'a-t-il pas dit : « *Ce que vous faites au plus pauvre, au plus petit de tous, c'est à moi-même que vous le faites* » ? Donnez donc aux pauvres votre obole pour l'amour de Jésus-Christ, et Jésus-Christ vous donnera le ciel en retour : « *Da obolum, eme cælum* ». Faire ainsi, c'est avoir l'intelligence du pauvre, cette intelligence à laquelle Dieu par son prophète, a promis toutes les bénédictions célestes : « *Beatus qui intelligit super egenum et pauperem.* »

Si le riche sert au pauvre de providence, le pauvre sert au riche de sauveur.

Pas de salut sans souffrance et sans expiation. Celle du Christ est infinie ; mais il faut que l'homme s'y associe pour s'en appliquer le mérite ; il doit d'abord se l'appliquer lui-même ; mais il peut aussi l'appliquer à ses frères et expier pour eux. « Tout homme, dit Lacordaire, qui souffre volontairement ôte une souffrance à quelqu'un ; tout homme qui jeûne donne du pain à celui qui en manque ; tout homme qui pleure aux pieds de Jésus-Christ enlève du sein d'une créature qu'il ne connaît pas, mais qui lui sera enlevée par Dieu, une certaine quantité d'amertume. »

Tout homme qui endure pour l'amour de Dieu les rigueurs de la pauvreté, du travail, de la souffrance, a la gloire insigne de coopérer à la grande œuvre que le Christ est venue accomplir sur la terre : le salut des âmes. Et c'est là qu'est l'essence de la religion. Notre Rédempteur a-t-il jamais dit : « Suivez-moi, et vous serez dans la richesse et l'abondance ; aimez-moi, et je vous guérirai de toutes vos maladies ; obéissez-moi, et je vous ferai réussir dans toutes vos entreprises commerciales et industrielles » ? Non ; il a fait l'homme trop grand pour lui donner de si petites choses, et c'est précisément les choses vraiment grandes et éternelles que les pauvres obtiennent de lui pour les riches leurs bienfaiteurs.

Voilà les bénédictions célestes réservées aux pauvres.

III. — Solution de la question sociale.

La plus grande de ces bénédictions est la solution pratique de la grande question sociale ; sortez de là, vous ne l'aurez jamais. Enlevez l'intelligence que la foi nous donne du riche et du pauvre ; donnez aux riches et aux pauvres une autre place que celle qu'ils occupent dans le plan divin : immédiatement, au lieu de la solution de la question sociale, vous aurez la destruction sociale, vous aurez le chaos social : le riche devient un tyran et le pauvre une bête fauve prête à le dévorer. La solution par la Foi, c'est le baiser du pauvre et du riche; la solution sans la Foi, c'est la lutte à mort entre le pauvre et le riche. C'est à nous donner cette lamentable solution que travaillent nos impies socialistes. Léon XIII, le père et l'ami de l'humanité, travaille à nous donner la solution par la justice et l'amour. Là est le salut.

Conclusion.

Ah ! de grâce, ayez pitié de l'humanité, et soyez jaloux de sa grandeur et de sa gloire ; laissez-la telle que Dieu l'a faite. Ah ! de grâce, n'enlevez pas au riche la couronne de puissance que le Dieu tout-puissant a placée sur son front pour qu'il soit son IMAGE.

Ah ! de grâce, n'enlevez pas au pauvre la couronne d'amour et de sacrifice que le Dieu d'amour a placée sur son front pour qu'il soit sa *ressemblance* ! Et saluez, avec acclamation, la couronne du pauvre, couronne mille fois plus belle, mille fois plus glorieuse que celle du riche; saluez, avec acclamation, sa céleste royauté !

La richesse, par elle-même, n'a aucun mérite,

excepté lorsque l'on s'en dépouille ; elle est, par elle-même, au contraire, un immense danger, et presque toujours, si on n'y prend garde, la mère de tous les vices. La pauvreté, au contraire, est la mère de toutes les vertus, elle est grande et noble comme une reine. Je parle de la pauvreté telle que Dieu l'a faite, et non de celle qui porte le nom de MISÈRE. Celle-ci n'est pas là fille de Dieu ; elle est la fille de la paresse ou du péché : la misère qui est la privation du nécessaire est toujours une punition, tandis que la pauvreté est la première des Béatitudes. Le nécessaire lui est promis.

O sainte et divine pauvreté ! Dans tes bras a voulu naître et mourir le Fils de l'Eternel. Reine de tous les biens que tu méprises, la terre n'est pas digne de toi ; le ciel est ta patrie, et les riches de la terre doivent venir, à deux genoux, te porter leurs présents s'ils veulent avoir part à ton céleste héritage. Porte toujours noblement ta radieuse couronne ; ne la perds pas pour écouter tes impies séducteurs, reste fidèle à Jésus ton glorieux Epoux, et marche à sa suite de la crèche au calvaire en regardant le ciel !

V

LES DEUX SOCIÉTÉS.

Dieu, dès la première page de nos saints Livres, nous dit qu'il y a sur la terre deux races bien distinctes : la race bénite des enfants de Dieu et de la Vierge immaculée, et la race maudite des fils de Satan : « *semen tuum, et semen illius.* Ces deux races, ajoute-t-il, seront toujours en lutte jusqu'à la fin des temps ; mais c'est à la race des enfants de Dieu et de la Vierge immaculée que restera la victoire : « *Et ipsa conteret caput tuum.* »

Ces deux races, toujours en lutte, forment deux sociétés entièrement distinctes. Nous allons parler de l'une et de l'autre. Il faut nécessairement appartenir à l'une ou à l'autre, à chacun le choix. On ne peut traiter un sujet plus pratiqué : c'est ce qu'on appelle la QUESTION SOCIALE : question de vie ou de mort.

I. — LA SOCIÉTÉ CHRÉTIENNE ET LA SOCIÉTÉ ANTICHRÉTIENNE.

Chercher la vérité sur la question sociale après que Jésus-Christ est venu sur la terre, c'est faire insulte à Jésus-Christ : que serait-il venu faire sur la terre, s'il n'était venu y résoudre la question sociale ? Il l'a divinement et admirablement résolue ; il y a travaillé et par ses exemples et par sa doctrine, et il nous a dit : « Ce que j'ai fait, faites-le, et ce que j'ai enseigné, pratiquez-le ». Et qu'a-t-il fait ? qu'a-t-il enseigné ? Il a été pauvre, il a travaillé, il a souffert, il a été persécuté, mais il a triomphé, et il a dit : « Bienheureux les pauvres ! Bienheureux ceux qui pleurent ! Bienheureux ceux qui sont persécutés, ils triompheront ». Voilà ses exemples, voilà sa doctrine.

A partir de ce moment, une société nouvelle était fondée : la société chrétienne. Rien de semblable en effet n'avait jamais été, sur la terre, ni vu ni entendu. La société qui existait quand Jésus-Christ vint fonder la sienne avait des principes diamétralement opposés : adorer la richesse et les plaisirs, mépriser la pauvreté et le travail, opprimer la faiblesse, encenser toutes les infâmes passions : voilà la société que Jésus-Christ trouva sur la terre.

Cette société était en possession d'une force colossale ; les faisceaux et les aigles d'or de Rome avaient conquis l'univers : la société chrétienne n'avait d'autre puissance que sa faiblesse et d'autre drapeau qu'une croix, vil gibet d'un supplicié, et voilà que les faisceaux et les aigles d'or sont tombés ; la croix est debout, et elle est adorée.

Ce triomphe, à nul autre semblable, ce miracle, le plus grand qui ait été jamais accompli, ont été prédits par Jésus-Christ d'une manière solennelle.

Ouvrez l'Evangile : vous y trouverez une page grande et belle entre toutes, page trop peu remarquée : tout le grand drame de l'avenir s'y déroule : il y est parlé de deux grands triomphes : un déjà remporté par Jésus-Christ, et l'autre qu'il allait remporter en se faisant crucifier. Il faut citer le texte :

Jésus-Christ est à la veille de sa Passion ; le peuple se presse autour de lui et écoute avec ravissement les paroles d'or qui tombent de sa bouche divine ; tout à coup, il s'interrompt, il lève les yeux au ciel, et fait une prière à son Père ; une grande voix répond, et cette voix est forte comme un tonnerre : « Mon Fils, dit cette voix, je t'ai fait déjà remporter un triomphe, et je t'en prépare une autre encore plus magnifique »: *Te clarificavi? et iterum clarificabo.*

Jésus, en effet, avait triomphé d'Hérode qui voulait l'immoler dans son berceau ; et maintenant, il allait triompher des fils de Satan qui allaient l'immoler sur une croix. « Quand ils m'auront mis sur cette croix, s'écrie Jésus, alors éclatera ma puissance, et le monde entier viendra à mes pieds et m'adorera »: *Cum exaltatus fuero a terra, omnia traham ad meipsum.*

« Cette voix que vous venez d'entendre, ajouta Jésus, a parlé pour vous »: pour nous faire comprendre que tout ce qui lui était arrivé à lui-même doit arriver à la société qu'il a fondée, à l'Eglise qui est son corps mystique et toujours vivant comme lui : elle a déjà, en effet, subi une grande persécution dont elle a triomphé. Les empereurs romains qui voulaient l'immoler au berceau, ont disparu de Rome : « *Mortui sunt qui quærebant animam pueri* »; et la croix a été plantée sur le Capitole, et, comme Jésus, elle se trouve maintenant en présence d'une persécution bien plus grande, bien plus terrible que la première : ce ne sont plus des persécuteurs étrangers comme étaient Hérode et les empereurs romains; ce sont ses propres enfants. Luther, nouveau Judas, a commencé la persécution, Voltaire l'a continuée, et les fils de Voltaire, eux aussi fils de l'Eglise et devenus Francs-maçons, c'est-à-dire traîtres à Jésus-Christ, s'entendent avec les Juifs pour la clouer en ce moment à la croix; mais ils ne savent pas, les insensés, qu'ils lui préparent le plus beau des triomphes et que c'est précisément l'heure de la Passion qui sera l'heure du triomphe.

II. — Certitude du triomphe de la société chrétienne.

L'heure du triomphe ne peut tarder, les signes sont manifestes.

Premier signe. — Visiblement un monde nouveau se prépare, tout se précipite vers l'unité ; toutes les nations sont en travail d'un enfantement divin. L'homme s'agite et Dieu le mène ; toutes les nations marchent vers l'inconnu. Cet inconnu, c'est Jésus-Christ, c'est à lui que Dieu nous mène.

Quand Jésus-Christ s'empara une première fois du monde connu, les voies romaines lui ouvrirent le passage : maintenant qu'il va s'emparer de tous les mondes à la fois, toutes les inventions modernes : vapeur, électricité, téléphone, lui préparent le passage. L'extrême Orient donne la main à l'extrême Occident, les déserts sont sillonnés en tous sens, les îles les plus lointaines tressaillent, et l'univers attend son Maître et son Roi. Ce maître, ce Roi, c'est Jésus-Christ vivant dans le Pape.

Deuxième signe. — Voici Léon XIII salué comme Père du peuple et de l'ouvrier. C'est le grand événement du siècle. Or, le Prophète a annoncé que l'heure du grand triomphe du Christ serait précisément l'heure où ce spectacle serait donné au monde. Ouvrez le Psaume, 71, et vous y trouverez cette prophétie écrite en toutes lettres. Voici le texte : « Toutes les nations de la terre viendront se soumettre à lui quand elles le verront prendre en main « par son Pontife » la cause du pauvre et de l'opprimé, et qu'elles verront le pauvre et l'opprimé avoir une place d'honneur en sa présence » : *Omnes gentes servient ei quia liberabit pauperem a potente et honorabile nomen eorum coram illo.*

Peut-on parler plus clairement ? Léon XIII père du peuple et de l'ouvrier, Léon XIII recevant le peuple et l'ouvrier au Vatican et lui faisant honneur, n'est-il pas visiblement le Pape désigné par le Prophète ?

Troisième signe. — Nous l'avons déjà indiqué

plus haut, mais il est utile d'insister, parce que celui-ci est encore plus frappant que les deux premiers, il a pour lui la preuve historique.

L'Eglise, nous l'avons dit, reproduit entièrement la vie de Jésus-Christ : suivez pas à pas la divine voyageuse, et vous en serez convaincus, la similitude est parfaite. Le sang répandu à flots par Hérode arrose le berceau de Jésus, le sang répandu à flots par les empereurs romains arrose le berceau de l'Eglise ; Jésus vient ensuite en Egypte ; l'Eglise aussi a ses solitaires d'Egypte. Jésus parait au milieu des docteurs ; l'Eglise aussi a ses grands docteurs. Jésus vit dans la vie cachée, silencieuse et laborieuse de Nazareth ; voici la longue période des Ordres monastiques silencieux et laborieux et vivant cachés au fond des vallées solitaires. Jésus va sur la montagne, préparer sa vie évangélique ; voici les fils de saint Bruno montant sur les montagnes. Vient la vie évangélique, et, aussi, viennent les grands Ordres évangéliques: les fils de saint Dominique et de saint François, et enfin après la vie évangélique commence la Passion ; et nous voici à celle de l'Eglise. Luther, nouveau Judas, prêtre et disciple de Jésus-Christ, comme Judas, a vendu son maitre aux princes et aux passions de ce monde. Maintenant nous sommes au dépouillement, et bientôt viendra la crucifixion : n'avons-nous pas vu déjà le dimanche des Rameaux, quand toutes les nations de la terre ont acclamé Léon XIII dans ses noces d'or sacerdotales et ont mis à ses pieds leurs présents magnifiques ?

Et puis viendront les gloires de la résurrection et du grand triomphe ; les grands génies et les grands cœurs ont pressenti ces gloires et ce triomphe. Joseph de Maistre, au commencement de ce siècle, s'écriait : « Je ne puis me détourner de mon idée fixe et consolante qu'un jour verra des événements aussi extraordinaires dans le bien, que nous en voyons, aujourd'hui, d'extraordinaires dans le mal. La Révolution actuelle a commencé par la haine du catholicisme ; mais souvenez-vous que le résultat final sera le triomphe du catholicisme. »

Et dans des temps plus rapprochés, l'abbé Combalot, apôtre au grand cœur, s'écriait : « Les trônes tomberont, une démocratie sauvage débordera sur cette Europe devenue païenne ; mais cette démocratie ne détruira pas l'Eglise, elle ne détruira que ses ennemis, et l'Eglise fera le plus grand de ses miracles, en la convertissant. » Ce cri des grands génies, ce cri des grands cœurs doit partout retentir, et tous les cœurs, en l'entendant, doivent tressaillir.

Le retour si marqué des grandes intelligences à la foi de nos pères est le prélude consolant de cette transfiguration sociale.

« Ce siècle, a dit le comte de Mun dans son discours de réception à l'Académie, — ce siècle en s'avançant dans les tempêtes, porté par le rationalisme comme sur une barque fragile, se trouve en face de l'inévitable écueil. Pour se délivrer du péril, il n'y a qu'un moyen de salut : tendre au souffle ranimé des croyances religieuses ses voiles fatiguées. »

C'est l'aube encore lointaine d'un monde nouveau. Pour entrer dans l'Océan pacifique, il faudra certainement doubler le cap des Tempêtes ; mais Marie, Etoile de la mer et Reine de la France, nous sauvera.

CONCLUSION.

Gloire et amour à la société fondée par Jésus-Christ ! Dans cette société, c'est vrai, il faut porter la croix et vaincre ses passions ; mais à vaincre sans péril peut-on triompher avec gloire ? Et n'est-ce pas dans le triomphe sur les passions qu'est la liberté et le bonheur ? Quand le corps est dompté, l'âme n'est-elle pas triomphante ?

La société antichrétienne met le devoir dans le plaisir ; la société chrétienne met le plaisir dans le devoir.

« Un peuple qui n'a que des appétits, dit Octave Feuillet, est un peuple en décadence. Nous en sommes là, car il est visible que, du haut en bas, la jouissance est aujourd'hui la loi unique et l'unique foi. » Voilà le stigmate buriné de main de maître au front de notre si orgueilleuse société moderne, et voilà sa sentence de mort.

Une société dont le plaisir est le mobile est une société perdue. Dans cette société, les mères ne veulent plus souffrir pour donner la vie aux enfants ; les pères ne veulent plus travailler pour les faire grandir ; les laboureurs ne veulent plus labourer pour les nourrir, et les soldats ne veulent plus combattre ni mourir. Il n'y a qu'à creuser la fosse et à faire les funérailles.

Le peuple qu'on a égaré, mais dont le cœur reste bon, ouvrira enfin les yeux. Dès qu'il les aura ouverts, il verra le Christ ; dès qu'il l'aura vu, il l'aimera et il chantera :

Au Christ la victoire ! Au Christ la royauté ! Au Christ l'éternel empire !

Christus vincit ! Christus regnat ! Christus imperat !

CONCLUSION GÉNÉRALE

A la clarté de l'Evangile et en nous appuyant sur la raison et sur les faits, nous venons de donner une réponse claire et complète aux questions les plus actuelles. Résumons en deux mots chacune de ces réponses.

A la première QUESTION : Quels sont les vrais amis du peuple et quels sont ses faux amis ?

Voici la RÉPONSE. Le véritable ami du peuple n'est pas celui qui le flatte, mais celui qui se sacrifie pour lui. Voulez-vous prouver que vous êtes le véritable ami du peuple ? faites pour lui ce qu'a fait Jésus-Christ et ce qu'ont fait et font pour lui tous les vrais disciples de Jésus-Christ : faites-vous pauvre, travaillez, souffrez et mourez pour lui comme a fait Jésus-Christ. Tant que vous ne serez pas ainsi, ne vous dites pas l'ami du pauvre : vous ajouteriez le mensonge à la plus criminelle hypocrisie.

A la deuxième QUESTION : Quel est le vrai et le faux socialisme ? Quelle est la vraie et la fausse démocratie ?

Voici la RÉPONSE. Le bonheur de la société reposant sur la Religion, la Propriété, et l'amour de la Famille et de la Patrie, quiconque défend la Religion, la Propriété, la Famille et la Patrie, pratique le vrai socialisme; quiconque en est l'ennemi, pratique le faux socialisme. Ce que nous disons pour le socialisme, nous le disons pour la démocratie.

A la troisième QUESTION : Quel est la vraie Liberté, la vraie Egalité et la vraie Fraternité ?

Voici la RÉPONSE. La vraie Liberté consiste à n'avoir que Dieu pour maître, et à n'obéir aux hommes que lorsqu'ils sont investis de l'autorité de Dieu. La vraie Egalité consiste à être tous égaux devant la loi de Dieu, et la vraie Fraternité consiste à avoir tous Dieu pour même père.

Impossible sans Dieu qu'il y ait sur la terre la moindre Liberté, la moindre Egalité et la moindre Fraternité.

A la quatrième QUESTION : Que faut-il penser des riches et des pauvres ? Voici la RÉPONSE. Le plus grand miracle de Jésus-Christ c'est d'avoir établi la grandeur et le bonheur dans la pauvreté, et d'avoir mis les riches au service des pauvres. Ce miracle est permanent, on n'a qu'à aller chaque année à Lourdes au Pèlerinage national, et on pourra s'en convaincre.

A la cinquième QUESTION : Des deux sociétés .

l'une qui prend pour base le PLAISIR, et l'autre le SACRIFICE, quelle est la bonne et quelle est celle qui remportera la victoire ? Celle qui prend pour base le sacrifice, ou celle qui prend pour base le plaisir ?

Voici la RÉPONSE. Impossible qu'une société qui prend le plaisir pour base puisse exister : une mère peut-elle, sans souffrir, donner la vie ? Un laboureur peut-il moissonner sans souffrir, et un soldat, sans souffrir, peut-il défendre sa patrie ? Fuir le sacrifice, c'est aller à la mort : aussi, le paganisme avait-il créé l'esclavage pour qu'une partie de l'humanité souffrît pour faire vivre l'autre partie. Le christianisme au contraire, faisant accepter librement le sacrifice, sauve l'humanité ; à lui donc la victoire est assurée.

Vous le voyez, les plus importantes questions actuelles sont parfaitement résolues à la clarté de l'Evangile.

Certainement rien de plus facile à comprendre et à voir. Hâtons-nous de faire la pleine lumière et enlevons au plus tôt la triple cataracte que nos impies sectaires : protestants, juifs et francs-maçons, ont mise sur les yeux de notre siècle égaré. Les protestants y ont mis la cataracte de l'orgueil du rationalisme; les juifs, la cataracte de la passion de l'argent ; et les franc-maçons, celle des immondes voluptés. Enlevons au plus tôt ces trois cataractes, et notre France bien-aimée sera sauvée.

Rendons le peuple à Jésus son sauveur, son père et son ami. Jésus le sauvera.

Le miracle commence à s'accomplir.

Il ne reste plus qu'à tomber à genoux et à s'écrier, le cœur rempli de reconnaissance et brûlant d'amour :

O Jésus, nous le savons maintenant, « celui qui vous suit ne marche pas dans les ténèbres, il a toujours la lumière et la vie » (1) !

(1) On retrouvera les pages qui précèdent dans mon livre : La sainte amitié (2ᵉ édition), en vente chez tous les Libraires catholiques.

Nous avons voulu faire imprimer ces pages à part, afin que lorsqu'approche le temps des élections, elles soient lues et prêchées aux électeurs ; elles seront leur lumière et aussi leur force.

On raconte qu'un Irlandais catholique mis en prison et cruellement maltraité par le gouvernement protestant, fut mis, par lui, en demeure ou de mal voter ou d'endurer la prison, les supplices et la mort. Malheureusement son cœur faiblit, et il allait porter dans l'urne le coupable bulletin. Son intrépide épouse accourt. « Malheureux ! s'écrie-t-elle, que vas-tu faire ? Par saint Patrick, arrête, et souviens-toi de ton Dieu et de ton âme ! » A ce cri magnanime le trembleur devient lion, il déchire son bulletin, le jette à la face de son tyran et s'écrie : « Par saint Patrick, je

suis catholique, je veux souffrir, je veux mourir !
A vous la tyrannie et l'enfer ; à moi le ciel et la liberté ! »

Ce qu'a fait cette femme forte, la lecture de ces pages peut le faire : nous le demandons au Seigneur.

—

UN DERNIER MOT

O vous qui aimez le peuple, dites-lui et redites-lui sans cesse et bien haut que ceux qui l'éloignent de Jésus et de la religion sont ses bourreaux.

Vouloir organiser la société sans la religion, c'est folie.

Vous souvient-il du fameux Considérant ? Il partit pour le Texas pour y organiser une société sans religion.

Arrivé au Texas avec sa colonie, il y rencontre l'évêque-missionnaire, et lui fait part de son projet, prétendant que la religion avait vieilli et devait faire place au progrès social.

L'évêque l'écouta patiemment : et quand il eut fini de développer ses creuses utopies :

« Mon ami, lui dit-il, je ne donne pas six mois de vie à votre société nouvelle ; je la vois déjà crouler avant même d'être bâtie, et cela parce que vous écartez précisément le seul ciment qui rend les sociétés solides, le ciment religieux.

« Quand vos colons voudront vous écharper, venez vous réfugier au milieu de mes bons chrétiens : je vous attends. »

Quelques jours après, Considérant, battu, traqué, poursuivi par ses colons, trouvait un refuge chez le vieil évêque-missionnaire. Il revint en Europe, tandis que les colons se dévoraient entre eux au fond des savanes.

Ceci est de l'histoire contemporaine. On a beau dire et beau faire : rien de bon ne sera jamais fait sur la terre en dehors du Christ et de sa religion.

Tout ce qu'il y a de bon dans la société vient de lui ; tout ce qu'il y a de mauvais, il le condamne.

Jamais son Eglise ne s'est opposée au développement de l'esprit humain ni aux progès de la science et des arts ; la Papauté a multiplié les écoles et les universités sur tous les points de l'Europe ; un chanoine de Pologne, Copernic, a trouvé le système du monde ; Corneille et Racine ont trouvé leur plus sublime inspiration dans les livres saints ; Bossuet, Bourdaloue, Massillon ont été les rois de l'éloquence ; Richelieu a fondé l'Académie française, et le Pape Léon X a donné la grande impulsion à son siècle. Vous le voyez, l'Eglise a toujours favorisé et développé les sciences et les arts, mais tout en les favorisant et en les développant, elle a toujours affirmé que le progrès matériel n'est rien sans le progrès moral, et que le peuple le plus vertueux est toujours le peuple le plus heureux, la vertu seule donnant la joie à l'âme et conservant au corps la force et la santé.

Cette joie de l'âme et ce bien-être dans la vertu et par la vertu étaient autrefois le patrimoine du peuple ; le bon sens s'unissait à la foi pour le lui conserver ; les impies, vrais bourreaux, le lui ont ravi.

La classe qu'on appelle dirigeante, a, hélas ! très mal dirigé. Elle commence enfin à comprendre qu'elle a fait fausse route, et que ce peuple qu'elle a égaré va devenir à son tour son bourreau.

Il y a donc dans les esprits cultivés un retour bien accentué vers le catholicisme. M. Brunetière, rédacteur de la *Revue des Deux-Mondes*, se plaît à le constater avec éloquence. Mais ce n'est pas assez : à la parole il faut joindre l'exemple ; c'est dans l'exemple que se trouve la force d'attraction.

Il ne suffit pas de bien parler de la religion et de constater que c'est à elle que la France a dû sa splendeur ; il faut encore en pratiquer fidèlement tous les préceptes.

Quand la classe dirigeante se confessera et s'approchera de la Table sainte ; quand elle mettra un frein à son luxe et à ses folles dépenses pour augmenter ses aumônes ; quand elle demeurera dans les campagnes au milieu du peuple, pour être son modèle, le peuple alors se convertira, et la société sera sauvée.

Vous le voyez, la question religieuse est la question vitale ; on a beau faire, elle domine toutes les autres, et, forcément, il faut y revenir toujours.

Le Christ vivant dans le Pape et l'Eglise catholique et l'antéchrist vivant dans le Protestantisme, la Juiverie et la Franc-Maçonnerie, sont maintenant en présence, se disputant l'empire du monde. C'est le Christ qui triomphera !

TABLE

L'ami du peuple. 3
Avant-propos. 5
Les faux amis du peuple. 9
Le faux socialisme. 20
La liberté, l'égalité, la fraternité. 2S
Les riches et les pauvres. 37
Les deux sociétés. 47
Conclusion générale. 57
Un dernier mot. 61

170

www.ingramcontent.com/pod-product-compliance
Lightning Source LLC
Chambersburg PA
CBHW051629060726
47597CB00004B/1501